Josef Geffers *Eifellandschaften*

Josef Geffers

Eifel-landschaften

Bilderreise durch Eifel,
Nationalpark und Hohes Venn

J.P. Bachem Verlag

Bibliografische Information Der Deutschen Bibliothek
Die Deutsche Bibliothek verzeichnet diese Publikation in der Deutschen Nationalbibliografie; detaillierte bibliografische Daten sind im Internet über http://dnb.ddb.de abrufbar.

1. Auflage 2008

Reproduktionen / Titelgestaltung, Layout
Reprowerkstatt Wargalla / Nadja Fernandes, Köln
Druck: Grafisches Centrum Cuno, Calbe
Printed in Germany
ISBN 978- 3-7616-2234-6

www.bachem.de

Inhalt

Wir danken den Förderern
für ihre Unterstützung bei
der Drucklegung dieses Werkes

Bitte ein Bit
Bitburger

LEMPERTZ
gegründet 1845

Kulturlandschaft Eifel – Versuch eines Portraits

Die Eifel, zum Übergangsbereich zwischen dem Rheinischen Schiefergebirge und den Ardennen gehörend, für deren geografische Abgrenzung es bis heute keine rechte Übereinstimmung gibt, ist vielleicht am ehesten als verhaltene, ruhige, gemäßigte, manchmal sogar einsilbige Landschaft zu beschreiben. Keine Sensationen, keine Großartigkeiten wie Gebirgspanoramen oder reißende Flüsse sind hier zu finden.

Es ist eine gezähmte Landschaft mit feucht-gemäßigtem Klima, die über Jahrhunderte von Menschen geprägt wurde. Die Spuren, die Geschichte, Kultur und Gesellschaft hinterlassen haben, sind ihr eingeschrieben. Zur Landschaft gehören auch die Elemente, die sich aus den Bedürfnissen der Menschen entwickelt haben: Gebäude und Verbindungen wie Straßen, Wege und Brücken sind präsent. Schürfspuren wie Natursteinabbau, Kalkgewerbe und Kalkindustrie, Erzbergbau, Wassergewinnung, Ackerbau und Forstwirtschaft zeugen von der Auseinandersetzung mit der Natur, und selbst der Wald trägt den Stempel der Zivilisation. Das Ergebnis eines jahrhundertelangen Einwirkens des Menschen auf die Natur, bzw. Naturereignisse selbst, gaben diesem Landstrich sein Gepräge, sein Gesicht, das sich bis heute stetig wandelt. Man denke nur an die Errichtung zahlreicher Windräder oder an Stürme, die so manchen Wald hinwegfegten.

Verkehrstechnisch ist das Gebiet perfekt erschlossen. Bei den größtenteils agrarisch oder forstwirtschaftlich genutzten Flächen haben wir saubere, kultivierte Abschnitte vor uns – im Winter unter der Schneedecke wirken sie offener, weiter, einsamer, während die Vegetationsperiode einen eher engen, begrenzten, allerdings abwechslungsreichen, vielfarbigen Raum stehen lässt. Die Schwünge dieser vornehmlich leicht hügeligen Region lassen uns leicht an Gewohntes denken, das uns alltäglich ist und das wir darum gerne übersehen. Das Andersartige, der Reiz und die einzigartige Vielfalt des Eifelgebietes wollen entdeckt werden. Das Besondere dieser Landschaft, in der man dem Wuchernden und Wachsendem auf der Spur sein kann, bewusst wahrzunehmen, dazu verhalf mir auch meine Kamera. Das Wesen einer Landschaft erschließt sich dem Betrachter kaum in der Eroberung bekannter Postkartenmotive. Allerdings vermag auch die serielle Aneinanderreihung ästhetisch ansprechender Bilder mit Dokumentationscharakter kein Landschaftsgesamtbild widerzuspiegeln, selbst, wenn die Einzelbilder vielfältig sind und sich zu Motivgruppen verknüpfen lassen.

Verwirrendes Gezweig am Mühlenweg bei Pyrmont

Dies gilt auch für diesen Band, der den Versuch eines Landschaftsportraits macht. Angestrebt ist, allgemeine und typische Gegebenheiten dieser Region ausfindig zu machen. Das Privileg des Fotografen ist die Konzentration auf die Natur des Sichtbaren, während die Ökologen und Botaniker vornehmlich am Vorgang der Naturbearbeitung interessiert sind. Jede Aufnahme bildet nur einen kleinen Mosaikstein, in ihrer Gesamtheit fügen sie sich jedoch zu einem Bild zusammen, wie subjektiv auch immer es sein mag.

ZU DEN EIFELBILDERN

Für den Fotografen besteht die Aufnahme eines Fotos durch Druck auf den Auslöser zur richtigen Zeit, am richtigen Ort nach einigem Suchen und Warten. Die Landschaft, das Motiv, die Realität sind nicht beeinflussbar. Doch die Wahl des Objektes, die Komposition, der Ausschnitt, die Hervorhebung von Farbe durch Licht, der Standpunkt und die Stimmung wird durch den Fotografierenden bestimmt.

Beim Bildaufbau folge ich zumeist traditionellen Kompositionsprinzipien der klassischen Landschaftsmalerei und der Fotografie ebenso wie der von Ansichtskarten, besonders dann, wenn der Vordergrund betont wird. Ein Baum, einige Äste oder Schatten können das Malerische der Ansicht vermehren, den Bildaufbau strukturieren und dem Raum eine Tiefendimension geben. Rhythmische Strukturen, ereignisreiche Beleuchtungen, leitende Linien sowie das Bildformat selbst können der Abbildung eine angenehme Gleichgewichtigkeit verleihen, wie sie die ausbalancierte Flächenaufteilung europäischer Malerei aufweist. Solche Fotografien strahlen im Allgemeinen eine poetische Ruhe aus, ja eine fast japanisch anmutende Stille.

Selten finden sich weite Panoramen. Häufiger zeigt die verwendete Ansicht den Horizont am oberen Bildrand oder er verschwindet gar ganz, wodurch der Blick begrenzt und überschaubarer wird und der vorgefundene Landschaftsausschnitt noch hervorgehoben wird.

Ein übersichtlich gewählter Bildausschnitt wird die Aussage des Fotos auf die charakteristischen Eigenschaften der dargestellten Landschaft konzentrieren.

An einem Feld bei Ahdorf

Bei der Komposition einiger Bilder kommt der formgebenden Wirkung der Wolken große Bedeutung zu. Neben einer visuellen Belebung des Bildes, können ausgeprägte Wolkenbilder der Perspektive noch zusätzliche Tiefe verleihen, den Raum in die Tiefe staffeln. Im Wechselspiel von sonnenbeschienener und beschatteter Erde gewinnt die Abbildung an Kraft und Dramatik.

Der Standpunkt des Betrachters ist jeweils die Mitte des Bildes. Er wird einer vom Menschen nicht unabhängigen, bearbeiteten, »kultivierten« Form der Natur gegenübergestellt. Die völlige Konzentration auf das fotografierte Objekt bedingt, dass die abgebildeten Landschaften durchaus menschenleer sind; und dennoch ist der Mensch durch seine Gewerke auf vielen Bildern anwesend. Der Menschentyp offenbart sich in der von ihm gestalteten Landschaft, in der sich seine Religion, Rechtssatzungen, Erbgewohnheiten, Flureinteilungen und nicht zuletzt seine Hausformen widerspiegeln. Andererseits beeinflusst auch das umgebende geografische Milieu das Erscheinungsbild und die Lebensgewohnheiten der hier lebenden Menschen. Da liegt ein stillgelegter Steinbruch, der zur Natur zurückkehrt, dort schlängelt sich ein Pfad, der mehr oder weniger sinnvoll angelegt wurde, dann erscheint ein Bach, der zumeist begradigt dahinfließt, da sind Felder, die der Form des Ortes folgen und Burgen, die zwangsläufig da stehen müssen, wo sie aufgesetzt wurden.

Die Eifellandschaft habe ich vornehmlich durch Erwandern erfahren. Wandern ist die Konstante, die Natur wandelt sich mit den Jahreszeiten, bietet unterschiedlichste Licht- und Farbenspiele. Oft bedarf es mehrfacher Rückkehr zu einer bestimmten Ansicht, um eine zufriedenstellende Fotografie zu erhalten. Die Entscheidung über das was aufzunehmen sich lohnt, wird eher intuitiv gefällt und orientiert sich mehr am Einzelbild als an einer Serie. Neutralität des Fotografierenden ist angesichts der Natur nicht möglich. Nehmen unsere Augen nur für einen Augenblick eine andere Richtung, sehen sie im nächsten schon eine andere Welt, eine immerwährende Quelle von Überraschungen, die wir als ästhetische Beglückung erfahren. Dank dem lieben Gott, der mich in dieser wunderbaren Landschaft Eifel dies oft erleben ließ und Dank den Menschen, die diese Region so besonders gestalteten.

JOSEF GEFFERS

»Das Wesen der Fotografie ist dokumentarischer Art«

(August Sander)

Jugendstil-Wasserkraftwerk Heimbach-Hasenfeld

Frühjahr im Schafbachtal bei Ripsdorf

Landschaft um Monreal

Umgebung von Dollendorf am Abend

Aussicht vom Griesbeuel bei Alendorf

Umgebung von Tondorf mit Blick auf den Michelsberg

Blick von der Meerenwiese bei Uedelhoven – weithin sichtbar der Aremberg

Vom Pfeifengras geprägte Hochmoorlandschaft im Hohen Venn bei Baraque Michel

Das »Platte Venn« bei Mützenich

Landschaft um Burg Olbrück

Umgebung der Burg Eltz mit dem Flüsschen Elz

Blick vom Aussichtsturm der Hohen Acht

Blick von Burg Vogelsang auf das Urfttal mit dem Urftstausee (Nationalpark Eifel)

Aussicht am Morgen vom Aremberger Ortsrand

Blick über das Schafbachtal hinüber zum Ahrtal

Winterzeit im Hohen Venn

Gegend südwestlich der Hohen Acht mit Lärche

Schneelandschaft bei Freilingen

Blick vom Michelsberg

Narzissenblüte im Perlenbachtal

Löwenzahnblüte auf einer Wiese bei Schönau

Am Rande von Äckern mit aufgehender Saat die Heilig-Kreuz-Kapelle bei Münstermaifeld

Äcker und Wiese mit blühendem Apfelbaum bei Kreuzau-Boich

Mohnblüte auf einem Feldrain bei Münstermaifeld

Feuchtwiese bei Zilsdorf mit breitblättrigem Knabenkraut

Bei Alendorf nach dem ersten Grasschnitt

Grasmahd bei Blankenheim-Hüngersdorf. Oberhalb der Wiese die Hermann-Josef-Kapelle

Reifendes Kornfeld bei Weyer

Gebüsch und Feldhecken zwischen Äckern bei Dollendorf

Morgendlicher Raureif auf den Äckern bei Ripsdorf

Winterlicher Weinberg an der Ahr bei Rech

Autobahnbrücke im Zingsheimer Tal

Straße zwischen Ripsdorf und Nonnenbach

Vorwiegend von Eichen gesäumter Weg bei Wolfgarten (Nationalpark Eifel)

Weg nach Kronenburg

Waldweg durch ein junges Buchenwäldchen (Nationalpark Eifel bei Erkensruhr)

Steig durch die Teufelsschlucht bei Irrel (Naturpark Südeifel)

Wirtschaftsweg am Rande von Reifferscheid bei Adenau – auf der Anhöhe der Turm der Nürburg

Weg ins Schafbachtal bei Ripsdorf

Bahnhofsgelände in Gerolstein

In Reifferscheid

In Monschau mit Laufenbach und Ruine Haller

An der Prüm in Waxweiler

Blick auf Gemünd mit der Pfarrkirche St. Nikolaus

Mayschoß inmitten von Weinbergen

Monreal im Elzbachtal mit Löwenburg und Phillipsburg

In Blankenheim-Reetz

Scheune bei Roth an der Our

Schuppen inmitten von blühendem Besenginster auf dem Bahnhofsgelände von Jünkerath

Scheune in der Nähe von Kronenburg

Schuppen an der Weiermühle bei Schleiden

Scheune in der Ortschaft Dreiborn

Wasserfall Dreimühlen im Ahbachtal

Stromschnellen der Prüm am Rande des Ferschweiler Plateaus

Die Kyll bei Malberg

Mündung der Erkensruhr in den Rursee (Nationalpark Eifel)

Zufluss zum Flüsschen Lieser bei Manderscheid

Der Amselbach vor der Mündung in den Urftsee (Nationalpark Eifel)

Der zufrierende Nonnenbach bei Blankenheim

Der Oosbach in Lissingen

Der Nonnenbach bei Schnee

Der Freilinger See

Die Elz bei Pyrmont

Der Laacher See

Gewitterstimmung über dem Meerfelder Maar mit der Ortschaft Meerfeld

Schalkenmehrener Maar mit Schalkenmehren

Weißdornblüte am Weinfelder Maar

Durchblick auf den Obersee bei Einruhr (Nationalpark Eifel)

Die Urfttalsperre (Nationalpark Eifel)

Bootsanlegestelle in Schwammenauel (Nationalpark Eifel)

Blick über den Rursee bei Schwammenauel am Abend (Nationalpark Eifel)

Obstblüte auf einer Streuobstwiese

Vogelkirsche in Blüte

Vom Bärlauch bedeckter Waldgrund bei Schloßthal

Baumkronen im Rotbuchenwald bei Manderscheid

Reihung von Rotbuchenstämmchen am Griesbeuel bei Alendorf

Trauerbuche bei Blankenheimerdorf genannt »Krusche Boom«

Rand eines Kiefernbestandes im Ahrdorfer Wald

Naturnaher Rotbuchenwald im Nationalpark Eifel

Fichtenforst im Süden des Nationalparks Eifel

Mischwald mit Birke, Rotbuche und Waldkiefer am Kermeter (Nationalpark Eifel)

Waidbuchen im Kalterherberger Wald am Rande des Hohen Venns

Waidbuchen so gewachsen nach Viehbeweidung

Stamm einer sogenannten »Harfenfichte« im Nationalpark Eifel

Buchenwald mit herbstlicher Belaubung bei Erkensruhr

Rotbuchen als Hausschutzhecke, Flurhecke und Hochstamm in Monschau-Höfen

Monschauer Land – eine Buchenreihe im Herbst

Frühnebel im Aremberger Wald mit Kreuzwegstation

Eberesche mit roten Früchten vor nebliger Kulisse

Herbstliche Impressionen entlang des Rotweinwanderweges bei Altenahr

Landregen über den Hängen des Manderscheider Waldes

Spinnennetze über einer Waldrandböschung

Knickweiden am Ufer der noch jungen Ahr bei Blankenheim

Schneepuder auf Gezweig des Nonnenbacher Waldes

Oft nur für Stunden zu finden – Landschaft im Raureif

Neuschnee im Blankenheimer Land

Basaltrosette im Zilsdorfer Steinbruch

Buchenwurzel einen überhängenden Sandsteinfelsen umklammernd (Ferschweiler Plateau)

Sandsteinfelsen formen die Teufelsschlucht bei Irrel

Ruhender Basaltsteinbruch bei Zilsdorf

Hoftor der Burg Rittersdorf in Rittersdorf bei Bitburg

Burganlage in Oberehe

Burg in Deis

Schloss Bürresheim im Nettetal bei Mayen

Burg in Kerpen

Ober- und Unterburg in Manderscheid im Regen

Burg Eltz

Burg Satzvey im Winter

Umgebung und Turm von Burg Olbrück mit vorgelagerter Ortschaft Hain

Abtei in Prüm mit St. Salvator-Basilika

Zisterzienserkloster Himmerod

Trapistenkloster Mariawald

Salvatorianerkloster Steinfeld

Benediktinerabtei Maria Laach

Abendhimmel bei Mirbach

Josef Geffers, geboren 1947, fotografiert seit seinem elften Lebensjahr. Die ersten Landschaftsmotive fand er in der näheren Umgebung seines Heimatortes Erkelenz, in dem er auch heute noch lebt. Seit 1980 ist er dort als Allgemeinmediziner tätig.

In den siebziger und achtziger Jahren führten ihn zahlreiche Studienreisen zunächst ins europäische Ausland, dann auch als sogenannter »Rucksacktourist« nach Nordafrika, Nepal, Tibet und Indonesien – dabei war die Kamera seine ständige Begleiterin. Es waren immer wieder Landschaften, die ihn faszinierten, die er fotografisch dokumentierte, die er sozusagen mitnehmen wollte.

Nach dem Erwerb eines Hauses in der Nähe von Blankenheim, ist die Eifel sein zweites Domizil. Dort verbringt er häufig mit seiner Familie einen großen Teil seiner Freizeit. Mit seiner Hasselblad-Kamera ausgerüstet, durchstreift er Wege und Pfade der Eifelregion.

Bereits im Jahr 2000 erschien ein erster Bildband unter dem Titel »Die Farben der Eifel«.

Eine Auswahl der in den letzten Jahren entstandenen Fotos wird im vorliegenden Band vorgestellt.